365 liebe Worte

FÜR JEDEN TAG

arsEdition

Liebe Worte begleiten dich durchs Jahr

Nette Worte zu hören,
ein Lächeln geschenkt zu bekommen
oder auch einfach einen freundlichen Blick –
das sind die liebevollen Gesten, die uns den Tag verschönern!
Dieser Aufsteller enthält viele liebe Botschaften für dich –
um dir Kraft zu geben oder Trost zu spenden,
Mut zu machen und noch ein bisschen mehr
Glück und Lebensfreude zu erfahren,
jeden Tag immer wieder neu.

Ich wünsche dir ...

... 12 Monate, die geprägt sind von herzlichen Gesten und besonderen Augenblicken.

... 52 Wochen mit guten Gedanken und inspirierenden *Ideen*.

... 365 Wege, dein persönliches *Glück* zu finden.

... 8760 Stunden in voller *Gesundheit*.

... 525.600 Minuten voller *Lebensfreude* und Zuversicht.

... 31.536.000 Sekunden voll mit kleinen und großen *Abenteuern*.

... natürlich noch so viel mehr!

Glücksrezept
FÜR
EIN SCHÖNES LEBEN

Ganz viel Gefühl, viele bunte Träume
und eine kleine Prise Verrücktheit.

Leben, lieben, lachen
und *schöne* Momente genießen!

In uns selbst liegen die *Sterne*
unseres Glücks.

HEINRICH HEINE

Es ist und bleibt ein Glück,
vielleicht das Höchste,
frei atmen zu können.

THEODOR FONTANE

Du machst mein Leben bunter,
mein Lächeln strahlender
und meine Laune heller.

LASS ES DIR *gut gehen*

Ich wünsche dir, dass du immer wieder auf Menschen triffst, die dich verstehen und gleich in ihr Herz schließen.

Good vibes only!

Geborgenheit ist freilich
ein stärkeres Wort für Glück.
JOHANN WOLFGANG VON GOETHE

Lebe, sei *glücklich*
und mache andere glücklich.

MARY SHELLEY

Die beste Zeit ist die,
die man *gemeinsam* verbringt:
Zusammen mit dir fühlt sich alles
viel leichter an!

Man muss *immer* etwas haben,
worauf man sich freut.

EDUARD MÖRIKE

VIEL GLÜCK *und alles Liebe …*

… das wünsche ich dir nicht nur
an deinem Geburtstag,
sondern für das ganze Jahr!

Wenn wir Zufriedenheit
nicht in uns selbst finden,
ist es zwecklos,
sie anderswo zu suchen.
FRANÇOIS DE LA ROCHEFOUCAULD

IN DEINER ZUKUNFT *scheint die Sonne*

Ich wünsche dir, dass du mit kleinen Problemen und auch längeren Tiefs umgehen kannst und immer ganz fest an dich glaubst! Und daran, dass schlechte Phasen und gute sich im Leben jedes Menschen abwechseln können. Es wird auch wieder gut werden!

Danke,

dass du ein offenes Ohr
für mich hast.

Liebe war der Grund für mein Dasein
und das der ganzen Welt.

SIBILLA ALERAMO

Gemeinsam

Ich wünsche dir …

… ganz viele ***gemeinsame*** Momente
mit den Menschen, die dir wichtig sind!

… lange und unschlagbar ***schöne Stunden***
in lieber Gesellschaft.

… spannende ***Reiseabenteuer*** mit Familie oder Freunden.

… viele schöne ***Unternehmungen*** mit netten Menschen.

… und immer wieder unvorhergesehene ***Begegnungen***,
die dich inspirieren!

Es ist so schön, dich zu kennen!
Gute Gespräche, Lachen
und einfach *Zeit*
miteinander verbringen:
Das sind die Dinge,
auf die es ankommt!

Das *Glück* besteht darin, zu leben
wie alle Welt und doch wie kein anderer zu sein.

SIMONE DE BEAUVOIR

Schön ist, was du siehst.
Schöner, was du träumst!

LUC DE CLAPIERS, MARQUIS DE VAUVENARGUES

Wenn nichts sicher ist,
ist *alles* möglich!

NUR *Mut!*

Stark zu sein bedeutet nicht,
nie hinzufallen. Wenn du wieder aufstehst,
wirst du mit jedem Mal stärker werden.
Du lernst dich selbst besser kennen und
weißt deine Gefühle besser einzuschätzen.
Das bringt dich weiter voran!

Die schönsten, angenehmsten Tage
sind nicht die, an denen großartige,
aufregende Dinge passieren, sondern die
mit den einfachen, netten Augenblicken,
die sich aneinanderreihen
wie *Perlen* auf einer Schnur.

LUCY MAUD MONTGOMERY

Manchmal
muss man die *Perspektive* wechseln,
um Sonnenstrahlen zu erhaschen.

KEEP *growing*
Hör nie auf, zu wachsen
und zu blühen!

Nichts kann das **Licht** dimmen,
das aus dir selbst scheint.

MAYA ANGELOU

Man muss das Leben tanzen.
FRIEDRICH NIETZSCHE

Wundere dich nicht über das Leben,
sondern *feiere* es, wenn sich
die Gelegenheit dazu bietet.

Dass es nie wiederkehrt,
macht das Leben *so süß.*

EMILY DICKINSON

Du musst nur langsam genug laufen,
um immer in der *Sonne* zu bleiben.

ANTOINE DE SAINT-EXUPÉRY

Dass uns eine Sache fehlt,
sollte uns nicht davon abhalten,
alles andere zu genießen.
JANE AUSTEN

Gäbe es niemanden,
der unzufrieden wäre mit dem,
was er hat, würde die Welt
niemals *besser* werden.

FLORENCE NIGHTINGALE

KLEINE *Herzensbotschaft* AN DICH

Du darfst dich so zeigen, wie du bist.
Gerade deine Ecken und Kanten
machen dich unverwechselbar!

Das Leben, es mag sein, wie es will, ist ein Glück, das von keinem anderen übertroffen wird.

LEO N. TOLSTOI

Wichtige Träume haben kein Verfallsdatum.
Halte an deinen *Hoffnungen* und Zielen fest!

Bunte Tagträume zu haben bedeutet,
an eine *wundervolle* Zukunft
zu glauben.

ABWECHSLUNG UND *Lebensfreude*

Ich wünsche dir,
dass du mehr Auszeiten
und weniger Alltag und Routine
in deinem Leben hast.
Zieh los in neue Abenteuer!

Kein Tag hat *genug Zeit,*
aber jeden Tag sollten wir uns
genug Zeit nehmen.

JOHN DONNE

Glück ist oft nur
ein kurzer **Moment,**
aber dafür eine
lange Erinnerung.

Zeit für dich

Auch wenn die Tage durchgetaktet zu sein scheinen,
wünsche ich dir, dass du *genügend Zeit* findest,
die du nur für dich nutzen kannst:

Zeit, in der du mal nur *an dich* denkst.

Glückliche Momente, die du für dich erlebst,
die dir ganz allein gehören.

Immer wieder Möglichkeiten, das zu tun,
was dir *Spaß* macht, ohne an Pflichten
oder To-dos denken zu müssen.

Leben allein genügt nicht,
sagte der Schmetterling, Sonnenschein,
Freiheit und eine kleine Blume
muss man auch haben.

HANS CHRISTIAN ANDERSEN

In jedem Menschen ist Sonne,
man muss sie nur zum *Leuchten* bringen.

SOKRATES

Es ist, wie es ist.
Aber es wird, was *du* daraus machst.

In *Freiheit,* mit Blumen, Büchern
und dem Mond –
wer könnte da nicht glücklich sein?

OSCAR WILDE

Das *Gute* an Wünschen ist,
dass sie nicht kompliziert sein müssen.
Oft sind die einfachen Wünsche
sogar die besten –
denn sie geben eine klare Richtung an.

Wenn der Weg *schön* ist,
lass uns nicht fragen, wohin er führt.

Wir suchen niemals die Dinge,
sondern das *Suchen* nach ihnen.

BLAISE PASCAL

Beschäftige dich
mit dem Guten,
und *gute* Dinge
werden passieren.

Jeder, der sich die Fähigkeit erhält,
Schönes zu erkennen,
wird nie alt werden.
FRANZ KAFKA

DENKE AN DAS *Positive* IN DEINEM LEBEN!

Die guten und schönen Dinge finden oft viel zu wenig Beachtung. Dabei sind sie es, die uns das Leben leicht machen können.

Es sind nicht die ganz großen Freuden,
die am meisten zählen. Es kommt darauf an,
aus den kleinen *viel* zu machen.

LIL DAGOVER

Schönes ERLEBEN

Ein Lächeln, ein kleiner Erfolg,
ein nettes Wort, das jemand an dich richtet:
Ich wünsche dir, dass die kleinen und
unscheinbaren Momente, die dir guttun,
mit der Zeit nicht verblassen,
sondern umso heller strahlen.

Wer viel *gewinnen* will,
muss auf die kleinen Dinge achtsam sein.

MARY WARD

Ich wünsche dir
mehr Entschleunigung,
wenn dir alles
zu trubelig wird.
Nimm dir die Zeit,
die du brauchst!

Aber liegt nicht in jedem
großen *Augenblick,*
gleichviel ob er hell oder dunkel,
richtig oder falsch, ein Glück?

CHRISTIAN MORGENSTERN

Wünsche sind zukunftsgewandte Gedanken.

Das vollkommene Glück
hat wenig *Gedanken.*

VALESKA BOLGIANI

Du bist einfach wunderbar!

Sei eine *erstklassige*
Ausgabe deiner selbst,
keine zweitklassige
von jemand anderem.

JUDY GARLAND

NIEMAND IST *perfekt* ...

... und das ist auch gut so.
Schön, dass wir alle etwas Besonderes haben, das uns unverwechselbar macht!
Was magst du an dir, was nicht so gern?
Feiere deine Eigenheiten –
denn sie sind ein wichtiger Teil von dir.

Lebe, liebe und genieße
alle großen und kleinen
Glücksmomente!

Begeistere dich für das Leben.
Das bloße Gefühl zu leben
ist *Freude* genug.

EMILY DICKINSON

Im Moment sein

Jede Stunde, jeder Tag,
jede Woche ist ein Neubeginn.

Lebe für die *Momente*,
die du nicht in Worte fassen kannst.

Sei dein eigener Regenbogen
und schenk dir selbst *Mut* und Kraft,
auch nach schwierigeren Phasen.

Alles,

was du zu deinem Glück brauchst,

trägst du in dir.

»*Bleib*« ist ein wunderbares Wort
im Vokabular einer Freundin.

LOUISA MAY ALCOTT

Das *Leben* ist nicht immer das,
was wir uns darunter vorgestellt haben.
Aber mit den richtigen Menschen
an seiner Seite kann man die guten Tage
genießen und die restlichen
gemeinsam durchstehen.

Lachen

Ich wünsche dir, dass du über *Alltägliches*
und Außergewöhnliches schmunzeln kannst.

Und oft drauflos lachst über eigene *kleine* Unzulänglichkeiten.

Manchmal wirst du bestimmt staunend
über die eigene *Courage* lächeln.

Und grinsen über die Schnippchen und plötzlichen *Wendungen*,
die das Leben manchmal schlägt.

Und außerdem wünsche ich dir,
dass du zusammen mit deinen Freundinnen
und Freunden von Herzen *lachen* kannst!

Es gibt kein festeres Band der *Freundschaft* als gemeinsame Pläne und gleiche Wünsche.

MARCUS TULLIUS CICERO

Nimm dir Zeit für die Dinge,
die dir ein **Lächeln** ins Gesicht zaubern!

Das *meiste* haben wir
gewöhnlich in der Zeit getan,
in der wir meinten,
zu wenig zu tun.

MARIE VON EBNER-ESCHENBACH

Die größte Offenbarung ist die *Stille.*

LAOTSE

IN DER *Natur*

Geh an einen Ort,
der dir besonders gut gefällt –
eine Wiese, ein Waldweg,
ein Flecken Erde jenseits einer Landstraße –
und genieße es, einfach nur da zu sein!
Lass dich von der Natur verzaubern.
Sie kann dir Energie und Balance schenken.

Wenn du
immer das tust,
was du möchtest,
ist wenigstens
schon mal
ein Mensch
glücklich.
AUDREY HEPBURN

Sei bereit

für ein *schönes* neues Kapitel

in deinem Leben.

Erhelle das Morgen mit dem Heute.

ELIZABETH BARRETT BROWNING

Lass dir dein *fröhliches* Strahlen nicht nehmen, nur weil es andere blendet.

Das Leben ist nicht perfekt –
– aber ist es nicht trotzdem wundervoll?

Dem *Wandel* wohnt ein Zauber inne:
Ein Ende ist auch immer
zugleich ein neuer Anfang.

Tu, was du für *richtig* hältst.
Es wird immer jemanden geben,
der anders denkt.

MICHELLE OBAMA

ALLES IST *neu*

Warum nicht öfter mal
einen Neustart wagen?
Verwirkliche deine Träume
und beginne damit,
ihnen Stück für Stück
mehr Leben einzuhauchen.

Jeder Tag ist ein Geschenk.
Pack es aus und mach *das Beste* daraus!

Jeder Moment ist *vergänglich.*
Aber die Vergänglichkeit
macht ihn so wertvoll.
Versuche, mindestens einen Moment
deines Tages zu finden,
den du voller Dankbarkeit
wertschätzen kannst.

Schwing dich aus allem heraus, was dich beengt.

BETTINA VON ARNIM

Trau dich!

Wenn du dich etwas traust,
wächst dein Mut, nicht deine Angst!
Probier es einfach aus …

Glaube an dich selbst,
denn du kannst alles schaffen!

Die Welt ist voller *magischer* Dinge,
die nur darauf warten,
dass wir Sinne und Verstand schärfen.

EDEN PHILLPOTTS

Die Schönheit der Dinge
lebt in der *Seele* dessen,
der sie betrachtet.

DAVID HUME

Dein Herz ist ein Garten.
Kümmere dich gut
um deinen inneren Garten.

Die Freiheit
wird einem nicht gegeben,
man muss sie nehmen.
MERET OPPENHEIM

Das *Wunderbarste* an Wundern ist,
dass sie manchmal wirklich geschehen.

GILBERT KEITH CHESTERTON

BIST DU *bereit?*

Es tut gut, offen zu sein –
für die eigenen Ideen
und für die der anderen.
Lass dich von Menschen
in deinem Leben positiv
überraschen!

Manchmal werden ganz gewöhnliche Dinge
ganz *außergewöhnlich,* einfach
weil man sie mit den richtigen Leuten macht.

ELIZABETH GREEN

Die Welt ist voller
kleiner Wunder.
Hör nie auf
zu staunen!

Glaube an Wunder, Liebe und Glück!

Du bist ein besonderer Mensch!
Ich wünsche dir, dass dir ***viele Wunder*** begegnen:

Ganz ***unverhofft***, hinter der nächsten Biegung
deines Lebenswegs.

Wenn deine ***Träume*** wahr werden –
denn warum sollten sie das nicht?

Dann, wenn du es am wenigsten ***erwartest***.

Und besonders dann,
wenn du es dir am ***meisten*** wünschst.

Du bist nicht auf der Welt,

um perfekt zu sein.

Du bist da, um *glücklich* zu sein.

Frag dich nicht, was die Welt braucht.
Frag dich, was dich *lebendig* werden lässt.
Und dann geh und mach das.

HOWARD THURMAN

Liebevolle Erinnerung:
Auch kleine Schritte bringen dich
deinem Ziel ein Stückchen näher.

Ein neues *Leben*
kann man nicht anfangen,
aber täglich einen neuen Tag.

HENRY DAVID THOREAU

LASS ES *vorüberziehen*

Manches lässt sich nicht ändern.
Lass den Dingen ihren Lauf
und übe dich in Gelassenheit.

Rechne mit *allem* –
– auch mit dem Schönen!

Alles braucht *Zeit,*

was gut werden soll.

Setze dich nicht unter Druck,

wenn du etwas erreichen möchtest,

sondern hab Geduld.

Du bist der wichtigste Mensch
in deinem Leben!
Geh *liebevoll*
und wohlwollend
mit dir um.

Manche machen aus der *Sonne* einen gelben Punkt.
Andere machen aus einem gelben Punkt eine Sonne!

PABLO PICASSO

WARTE WENIGER, *lebe mehr!*

Dein Leben findet heute statt.
Geh raus und wirf dich
in das schöne Leben,
das schon vor der Tür steht!

Du bist viel mehr als deine ***Gedanken!***
Du bist voller Liebe, Vertrauen und Inspiration.
Kannst du es spüren?

Niemand sonst 
wird dein Leben für dich leben.
Du bist der Künstler –
male dein Bild.
Träume dein *Meisterwerk*
in die Wirklichkeit hinein.

ANN TAYLOR

Fehler sind das Tor
zu neuen *Entdeckungen.*

JAMES JOYCE

Wo ein Plan durchkreuzt wird,
eröffnen sich neue Möglichkeiten.

Manchmal passieren negative Dinge, damit etwas *Neues* und Schönes daraus entstehen kann. Lass dich nicht von deinen Plänen abhalten!

Es gibt Berge, über die man hinübermuss,
sonst geht der *Weg* nicht weiter.

LUDWIG THOMA

Die Welt ist ein so viel *schönerer* Ort,

weil es dich gibt.

Vergiss nicht,
Glück hängt nicht davon ab,
wer du bist oder was du hast,
es hängt davon ab, was du denkst.

ANDREW CARNEGIE

Entspanne dich.

NIMM DIR ZEIT.

Du musst nicht alles
auf einmal machen.

Glaube an dein Glück!
Du bist der *einzige* Mensch,
der es finden kann.

Lass uns heute schöne *Erinnerungen*
für morgen sammeln.

Nur das *Gefühl*
versteht das Gefühl.

HEINRICH HEINE

Du bist ein ganz besonderer Mensch!
Mit dir werden auch kleine Glücksmomente einfach *unvergesslich.*

Man *liebt* einen Menschen
nicht wegen seiner Stärken,
sondern wegen seiner Schwächen.

TILLA DURIEUX

Ahme den Gang der Natur nach.
Ihr ***Geheimnis*** ist Geduld.

RALPH WALDO EMERSON

Jeder Ort hat eine Seele.
Jeder Mensch hat einen Ort,
der ihm *Kraft*
und Ruhe verleiht.

Anker zum Wohlfühlen

Es gibt sicherlich etwas, was dich ruhig werden lässt
oder dir Kraft gibt, wenn du daran denkst.
Ich wünsche dir, dass du immer wieder einen Anker findest,
wenn du ihn brauchst:

Einen Ort, an den du dich zurückziehen kannst,
um deine Gedanken zu ordnen.

Einen Menschen, dem du dich anvertraust,
wenn dir etwas Sorgen macht.

Eine Tätigkeit, die dich wieder ins Gleichgewicht bringt
und dir den Kopf frei macht!

Ahoi, HEIMATHAFEN!

Bei dir fühle ich mich ganz zu Hause.

Am Ende eines Tages
ist es nur wichtig,
dass du die schönen *Momente*
erkannt hast.

Unter den Sternen schlafen,
um die Welt segeln
oder in den Tag hinein leben ...
Ich wünsche dir, dass du dir
die *Freiheit* nimmst, dich auf
schöne Abenteuer einzulassen.

Glück ist jeder neue Morgen,
Glück ist bunte Blumenpracht,
Glück sind Tage ohne Sorgen,
Glück ist, wenn man fröhlich lacht.

CLEMENS BRENTANO

Eine Blume konkurriert nicht
mit der Blume neben ihr.
Sie *blüht* einfach.

Folge deinen
guten Gedanken.

Spannst du eine *Saite* zu stark,
wird sie reißen.
Spannst du sie zu schwach,
kannst du nicht auf ihr spielen.

BUDDHA

Man trinkt Tee,
um den Lärm der Welt zu *vergessen.*

WEISHEIT AUS CHINA

Beuge nie deinen Kopf.
Halte ihn *immer* hoch.
Schaue der Welt ins Gesicht.

HELEN KELLER

Lust AUFS LEBEN

Hab den Mut, deinen
positiven Gefühlen
freien Lauf zu lassen.
Klettere auf den Baum,
spring in die Pfütze
und feiere das Leben,
als sei alles ein Wunder.

Man sollte viel mehr Zeit
mit *Glücklichsein* verbringen!

Was wir *heute* tun,
entscheidet darüber,
wie die Welt morgen aussieht.

MARIE VON EBNER-ESCHENBACH

Du bist ein ganz besonderer Mensch!
Mit dir werden auch kleine *Glücksmomente*
einfach unvergesslich.

Freundschaft

Besonders dann,
wenn es drunter und drüber geht, wünsche ich dir, ...
... dass du das nicht allein durchstehen musst.

... dass du jemanden an deiner Seite hast, dem du vertraust.

... dass jemand bei dir ist, der dich stützt,
wenn es dir nicht so gut geht.

... dass es jemanden gibt, der auch mit dir zusammen lacht,
wenn es dir besser geht und du fröhlich bist.

Wann hast du deinen Freunden das letzte Mal gesagt,
wie viel sie dir bedeuten?

Man kann nur
von der *Liebe* leben.

ÉDITH PIAF

Es ist nie zu spät,
um das zu *sein*,
was du sein könntest.

MARY ANNE EVANS

Zusammen mit dir fühlt sich alles viel *leichter* an!

Auch eine schwere Tür
hat nur einen *kleinen* Schlüssel nötig.

CHARLES DICKENS

Die Kunst ist,
einmal mehr aufzustehen,
als man umgeworfen wird.
WINSTON CHURCHILL

Es gibt Menschen,
die passen einfach perfekt
ins Herz.

Schönheit beginnt in dem Moment,
in dem du beschließt,
du selbst zu sein.

COCO CHANEL

NICHT *vergessen*:

Du bist gut so,
wie du bist.

Die schönsten Augenblicke
im Leben geschehen unerwartet.

Geh *deinen* Weg
und lass die Leute reden.
DANTE ALIGHIERI

REMEMBER:

Die schönsten *Erinnerungen*

liegen noch vor dir.

Ich verströme meine **Liebe**
um mich herum
und sie spiegelt sich in anderen wider.

ANAÏS NIN

HALLO,
Lieblingsmensch!

Die *Zukunft* gehört denen,
die an die Wahrhaftigkeit
ihrer Träume glauben.

ELEANOR ROOSEVELT

Ich finde,
glücklich steht dir!

Das *Herz* kennt den Weg.

BUDDHA

Wenn du das tust,
was sich in deinem Herzen
richtig anfühlt,
dann bist du dir selbst treu.

An einem schönen Tag
im Schatten zu sitzen
und ins Grüne zu schauen,
ist die wunderbarste *Erfrischung.*

JANE AUSTEN

Genieße den Tag und lebe den Augenblick.

Tu das, was dir guttut!

Ich bereue nichts, was ich getan habe,
nur das, was ich *nicht* getan habe.

INGRID BERGMAN

Das *Leben* ist kein Wunschkonzert.
Aber manchmal spielt es
deine Lieblingsmelodie.

Träume

Manchmal gibt es da einen Traum, der immer wieder die Gedanken einnimmt und die Sehnsucht anfacht.

Was bedeutet dir der Traum?

Willst du ihn dir erfüllen? Oder magst du ihn so, wie er ist – in der Schwebe?

Welche Botschaft hat sich in diesem Traum versteckt?

Ich wünsche dir, dass du den einen oder anderen Traum ins echte Leben mitnimmst!

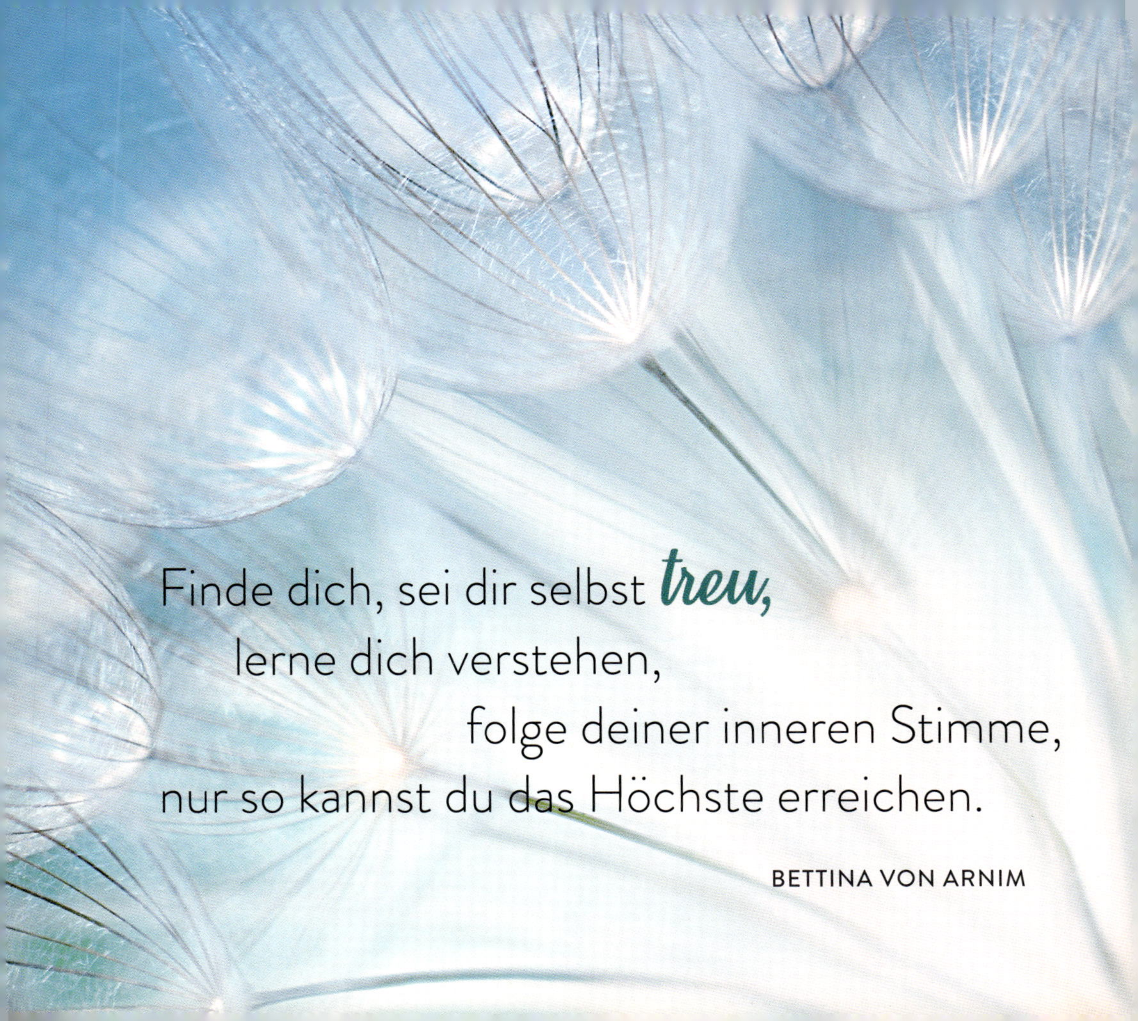
Finde dich, sei dir selbst *treu*,
lerne dich verstehen,
folge deiner inneren Stimme,
nur so kannst du das Höchste erreichen.
BETTINA VON ARNIM

Wenn man ohne *Flügel* geboren wurde,
darf man sie nicht am Wachsen hindern.

COCO CHANEL

Was wäre das Leben,
hätten wir nicht den *Mut*,
etwas zu riskieren?

VINCENT VAN GOGH

Was ich dir schon immer
mal sagen wollte:
Du bereicherst mein Leben.
Danke dafür!

Mit Mühen und Beschwerden wird man allein fertig. Aber die Freude muss man mit jemandem teilen.

HENRIK IBSEN

Das Leben ist so bunt,
WIE DU ES FINDEN MÖCHTEST!

Freue dich über die kleinen Unterschiede
zwischen den Menschen –
sie machen die Welt bunt.

Mit jedem Menschen braucht man *Geduld*,
doch an erster Stelle mit sich selbst.

FRANZ VON SALES

Es ist so schön,
dass es dich gibt.

*Bleib weiterhin so,
wie du bist!*

Mit dir ist das Leben
eine bunte Wundertüte.

Denke heute an alles,
was du bist,
und nicht an alles,
was du noch nicht bist.

Schenke dir leise *Momente.*
Manchmal sind es die unscheinbaren Dinge
oder die leisen Begegnungen im Leben,
die uns am meisten geben.

Es scheint immer unmöglich,
bis es *vollbracht* ist.

NELSON MANDELA

Die besten *Entdeckungsreisen* macht man nicht in fremden Ländern, sondern indem man die Welt mit neuen Augen betrachtet.

MARCEL PROUST

Cover: www.shutterstock.com: Duda Vasilii, Le Panda, Flas100, Paladin12
Bildnachweis Inhalt: Getty Images: S. 6: zhaojiankang; S. 9: Tabitazn; S. 19: by-studio; S. 22: undefined undefined; S. 24: Liudmila Chernetska; S. 28: Yue_; S. 30: Thanasus; S. 34: Ольга Емельянова; S. 36: TonicR; S. 41, 114: Juergen Bauer Pictures; S. 43: Photokool; S. 45: Momnol; S. 47: Toltek; S. 49: Britus; S. 54: Melnikof; S. 59: Ksenija18kz; S. 65: Chan2545; S. 66: Erich Fend; S. 76: IakovKalinin; S. 78: 4421010037; S. 93: Axynia; S. 94: momnoi; S. 113: TasiPas; S. 116: Alla_iatsun; S. 119: Aga7ta; S. 120: Tanew_pix; S. 125: Luisa Whr; S. 132: Astronaut Images; S. 169: Mhytja; www.shutterstock.com: S. 2: Mirelle; S. 12: Masson; S. 15: ju_see; S. 16: phBodrova; S. 21: Mrjindukle; S. 26: Valentin Agapov; S. 33, 57, 70, 73, 154: Valeriy Leonov; S. 51: Vunishka; S. 60: Purple Clouds; S. 62: Srarn Artrattanakul; S. 75: franz12; S. 82: Elenamiv; S. 84: Curioso.Photography; S. 86: Stsvirkun; S. 88: Hasylius; S. 90: New Africa; S. 97, 175: Jenny Sturm; S. 98: Juta; S. 101: tgero; S. 105: Leonid Ikan; S. 107: christinarosepix; S. 110: Creanva; S. 134: Svetlana Khutornaia; S. 139: Neirfy; S. 141, 171: macro.viewpoint; S. 144: Dogora Sun; S. 146: Chonthicha Pakdee; S. 150: Olha Rohulya; S. 153: paralisart; S. 160: Smit; S. 163: Anna Om; S. 165: photokup; S. 167: Drop of Light; S. 172: Yulia Gust; Unsplash: S. 11, 52: Aaron Burdon; S. 38: Ian Schneider; S. 68: Lucas Ludwig; S. 81, 142, 157, 159: Brooke Lark; S. 102: Khadeeja Yasser; S. 108: Aleksandr Eremin; S. 122: Nathan Dumlao; S. 127: Cole Keister; S. 131: Karolina Bobek; S. 137: Hannah Morgan; S. 149: Aisvri; Hintergründe / Vignetten: www.shutterstock.com: Gringoann.art; Le Panda; Duda Vasilii; Flas100; Olly Molly; StacyArtStore; Gringoann.art; Artnizu; Modesta.Gas; Paladin12

Covergestaltung: das verlagsatelier ROMY POHL
Gestaltung Innenteil: Eva Schindler, Grafing

ISBN 978-3-8458-5784-8
www.arsedition.de

MIX
Papier | Fördert gute Waldnutzung
FSC® C020056
FSC
www.fsc.org